Almut Weitze

Limericks -
sonst nix

Bibliografische Information der Deutschen Nationalbibliothek:
Die Deutsche Nationalbibliothek verzeichnet diese Publikation in
der Deutschen Nationalbibliografie; detaillierte bibliografische
Daten sind im Internet über http://dnb.dnb.de abrufbar.

© 2015 Almut Weitze
Illustrationen: Almut Weitze
Herstellung und Verlag:
BoD - Books on Demand, Norderstedt

ISBN: 978-3-7347-5159-2

Inhalt

	Seite
Regionales, Lokales, Banales	7
Frauenzimmer, Männerwirtschaft, Kinderkram	21
Kollegen und andere Feinde	35
Politik und geistige Leere	49
Viecherei und Nonsens	63

Regionales, Lokales, Banales

Viele hundert Male

Fiel ein Mann in die Saale

Doch Gott sei Dank

Da er nicht ertrank

Fiel er hinein viele weitere Male

Ohne Frage gab 's in Weimar

Nicht nur einen Dichter-Star

Doch um alle zu beschreiben

Ohne groß zu übertreiben

Fehlt 's doch glatt an Vokabular

Durch Jenas grünes Paradies

Kalter Herbstwind mächtig blies

Dem Hund war 's egal

Er schiss ganz banal

Mitten hinein ins Paradies

Aus einem vollmundigen Bordeaux

Sprach ganz plötzlich der Rimbaud

Je est un autre, feurio

Dann ging er leider schon k. o.

Und träumt im Schlaf inkognito

Das Rathaus zu Jena hat Stil

Es hat kein gewöhnliches Glockenspiel

Der Schnapphans, er schnappt

Die Kinnlade klappt

Vorm kleinen Rathaus mit Stil

Es war einmal ein lauter Knall

Der wollt' mehr sein als Rauch und Schall

Drum dacht' er sich

Jetzt stinke ich

Und wurd' zum peinlichen Zwischenfall

Ein alter Mann aus Jena

Wusste nicht, wie ihm geschah

Er fiel vom Jentower

Durch grauen Jenschauer

Auf die verwunderten Menschen von Jena

In Jena steht das Johannistor

Hindurch gehen Studenten niemals vor

Einem Prüfungsabschluss

Da Glück und Genius

Den Turm nie verlassen, doch stets den Tor

Das Zeiss-Planetarium

Begeistert Jenas Publikum

Das mit hochgereckter Nase

Versetzt in himmlische Ekstase

Staunt und träumt und schaut ringsum

Am Ufer der Saale

Schmeißt sich in Schale

Ein kleines Uni-Nest

Zwischen Kalkberge gepresst

Und leuchtet mit viel Potentiale

Alkohol löst schnell die Zunge

Und legt sich auf Stimme und auf Lunge

Doch sobald man erwacht

Fliehen die Freunde der Nacht

Als hätt' man gebadet im Dunge

Ein winziger Mann aus Salzwedel

Stieg gerne auf Tische und Schemel

Und mit viel Geschick

Brach er sich 's Genick

Der winzige Mann aus Salzwedel

Frauenzimmer, Männerwirtschaft, Kinderkram

Die kleine Madame mit der Brille

Liebte Mode, vor allem die schrille

Sie war nicht sehr dick

Und die Kleidung war schick

Von der kleinen Madame mit der Brille

Ich geb' dir einen Schmatz

Mein kleiner, süßer Schatz

Gleich da auf die Wange

Und zwar solange

Bis ich habe einen Ersatz

Ein Kind mit spitzer Nase

Über 'ne Paraphrase

Stolperte

Es holperte

Und wurde zur Emphase

Der Mann mit der schrumpligen Zehe

Suchte die große Nähe

Zu der kleinen Madame

Doch die wollt' ihn nicht ha'm

Da war 's um ihn geschehe'

Ein Mann mit riesigem Schlund

Gähnte oft ohne Grund

Da zitterten die Frauen

Zogen die Kinder weg vom Grauen

Doch jedes Mal fehlte ein Spund

Eine kleine Frau

Stand vor einem Pfau

Der schlug ein Rad

Und in der Tat

Fühlt' sie sich nun wie zur Fleischbeschau

Es war einmal ein Mann mit Hut

An sich stand der ihm gar nicht gut

Doch mit viel Mut

Und resolut

Trug er den lächerlichen Hut

Wie ein Somnambule

Sitzt der Schüler in der Schule

Nur nicht regen

Nichts sagen oder bewegen

Sonst ist der Status futsch, denkt der Coole

Ein starker Mann im Gewitter

Kämpft mühsam gegen Gezitter

Denn Muskeln sind schwach

Gegen blitzenden Krach

So bleibt dem Mann nur sein Gebibber

Es war ein Mann, dessen Mund

Sich bewegte zu jeder Stund'

Er erzählte sehr viel

Von dem er dacht', es gefiel'

Und erzählte allen was Anderes, na und

Die kleine Madame mit der Brille

Sah sehr gern fern, ziemlich ville

Doch so sehr sie auch sah

Nichts ging ihr nah

Denn alle Sendungen waren ihr rille

Ein Mann mit riesigem Daumen

Kam immer wieder ins Staunen

Wie kann es denn sein

Dass der Rest nur so klein

Gemessen an meinem Daumen

Kollegen und andere Feinde

Es war einmal ein Wüterich

Der ständig um Kollegen schlich

In Furcht um die Kontrolle

Und fiel gleich aus der Rolle

Hielt man ihn nicht für maßgeblich

Ein kleiner Chef fühlte sich groß

Und stellte gern Kollegen bloß

Doch eines störte

Weil sich 's nicht gehörte

Er wurde gehasst, ganz gnadenlos

Ein Veganer, ganz animalisch

Schrie: Butter kommt hier nicht auf den Tisch

Und mit viel Genuss

Sorgte er für Verdruss

Und grinste ganz bestialisch

Unliebsame Kollegen

Kann man mit Flüchen belegen

Und wenn dann einer funktioniert

Freut man sich ganz ungeniert

Denn Schadenfreude muss man pflegen

Ein Hoch auf das hilfreiche Vitamin B

Tut 's doch nur dem, dem 's fehlt sehr weh

Und hebt doch den

Der dann sehr bequem

Und ohne Können kann durch 'nen Dreh

Es gab da einen alten Hut

Einst war er neu und auch recht gut

Oft sah man ihn

Zu oft, wie 's schien

Nun will ihn keiner mehr, den Hut

Es war ein Ideengeber

Den nannte man gern Streber

Weil 's nicht gefiel

Dass ihm wie im Spiel

Die Einfälle zufielen, dem Streber

So ein Rückgrat ist sehr lästig

Und fürs Gemüt auch mächtig grässlich

Durchsetzungskraft oft mangelhaft

Gebrochen wird man abgestraft

'S wär' besser, man verböge sich

Es war ein alter Gockel

Den hob man auf den Sockel

Und damit er nicht fiel

Wurd' balsamiert das Fossil

Nun grinst senil er herab, der Gockel

Möcht'st du auf Arbeit Ärger entkommen

Sei niemals klar, sei nur verschwommen

Leg niemals Eifer an den Tag

Mach niemals einen klugen Vorschlag

Nick, lob, und du bist stets willkommen

Ein älterer Kollege

Widmete sich der Pflege

Von jüngerem Gemüse

Bei näherer Analyse

War 's aber ein kaltes Gelege

Es war ein Männlein, das alles las

Doch ging sein Verstand nur bis zur Nas'

So blickt er gelehrt

Drum man ihn verehrt

Es lebe das durchschnittliche Mittelmaß

Politik und geistige Leere

Rechtsruck, Bildungsdruck, mediale Faselei

Andre Wange, falsche Schlange, leeres Politikgeschrei

Gutmenschliches Allerlei

Ist auch immer schnell dabei

Schwarzweißmalerei und doch nur brandheißes Einerlei

Es gab da eine kleine Maus

Die hatte weder Geld noch Haus

Und ohne eine Chance

Verlor sie die Balance

Nun ist 's 'ne fanatische Kirchenmaus

Unter der Sohle sitzt eine Blase

Direkt unterm Fuß, nicht auf der Nase

Gleich links vom Zeh

Tut sie sehr weh

Und drückt im Schuh, so ganz zum Spaße

Es war einmal ein lauter Hund

Der tat gern seine Meinung kund

Doch hörte er mächtigeres Gebelle

Wurd' er ganz starr, und zwar auf der Stelle

Und war ganz still, der laute Hund

Es war einmal ein Windei

Das brachte kein Osterhase vorbei

Es wurde gelegt

Heiß begehrt und gepflegt

Ins Politiknest, das war grad' frei

Es war einmal ein Lausebub

Der den Falschen eine Grube grub

Auch grub er zu tief

Und bevor er schlief

War er begraben, der Lausebub

Der Zeitung kann man vertrauen

Auf Nachrichten kann man bauen

Aus Milch wird Quark

Sind sie zu stark

Serviert wird zum leichten Verdauen

Die Nachrichten, die Nachrichten

Lassen sich nur danach anrichten

Sonst hießen sie Zuvorrichten

Und das geht mitnichten

Niemals beim Berichten

Früher brach gedruckter Kritik

Heißes Feuer das Genick

Heute, wenn wird aufgemuckt

Wird es gar nicht erst gedruckt

Die Wirtschaft bestimmt des Autors Geschick

Die Welt hat geschwollene Ohren

Und hunderte Doktoren

Schwören bei ihren Sponsoren

Dass durch Verbände von Zensoren

Die Welt sei noch nicht verloren

Der Künstler ist ein armer Wicht

Denn Kunst und Kultur rentieren sich nicht

Ob Musiker, Maler, Mime, Autor

Besitzen muss er Galgenhumor

Bei der Förderung von geistigem Leichtgewicht

Politik, dein Freund und Henker

Ein Hoch aufs Aus für den Freigeist und Denker

Es regieren Wirtschaft und Fußball

Und an den Unis bald leerer Schall

Im Land der einstigen Dichter und Denker

Viecherei und Nonsens

Ein Junge namens Fritz

Besaß einen frechen Spitz

Der klaute einen Frack

Nach neuestem Modegeschmack

Und lief damit ins Ritz

Eine kleine haarige Spinne

Rutschte mit Tempo durch die Rinne

Und gleich noch durch das Gitter

Vermied so das Gewitter

Doch fiel sie in den Dreck, pfui Spinne

Es war einmal ein Hase

Der hatt' eine kräftige Nase

Er hob seine Lefzen

Zum Fleischzerfetzen

Es war wohl doch kein Hase

Ein Vogel im Baum

Träumte bösen Traum

Und vor lauter Schreck

Machte er einen Fleck

Auf den frisch gestrichenen Zaun

Eine alte dämliche Gans

War schon fast völlig ohne Glanz

Da legt sie ein Ei

Und macht viel Geschrei

Und plustert sich auf beim Eiertanz

Im Park auf der Decke

Saß eine hungrige Zecke

Es kam jedoch kein Hund vorbei

Stattdessen volle Windeln, zwei

Da kroch die Zecke unter die Decke

Ein musikalischer Pudel

Sang zum Dudelsackgedudel

In Ekstase

Auf der Straße

Und schon bald sang er im Rudel

Ein hungriger junger Geier

Überflog einen kleinen Weiher

An dessen Rand ein Bayer stand

Und dessen Dackel der Geier entwand

Ja Herrschaftszeiten, schrie da der Bayer

Eine kleine Biene

Fuhr gern Limousine

Schön g'radeaus und ganz korrekt

Bis man entdeckt' das arme Insekt

Da fuhr der Wagen Schlangenlinie

Eine kleine Kakerlake

Fiel aus Versehen in die Sake

Sie strampelte und drehte sich

Dann drehte sich der ganze Tisch

Sie hatte einen sitzen, ohne Frage

Auf einer großen Chaussee

Begegnete ein Reh

Einem flachen Igel im Schnee

Und dem Fuchs vom nahen See

Der saß da am Buffet

Eine wortgewandte Katz

Sonnte sich im Fensterplatz

Ein Dada-Hund, so ganz leger

Kläffte einzelne Silben daher

Da machte die Katz einen Satz

Weitere belletristische Bücher von Almut Weitze:

Weitze, Almut. *GemeinGEFÄHRLICHe Tiergedichte*. Norderstedt: BoD, 2014.

Weitze, Almut. *Traum und Schein im Netz der Nacht.* Tönning [et al.]: Der Andere Verlag, 2010.

79